Differentielles GPS
mit dem ESP32

Differentielles GPS mit dem ESP32

Jörg Bischof, DM6RAC

0   Inhaltsverzeichnis

1   Vorwort   6

2   Grundgedanken   10
    2.1   Prinzipielle Funktionsweise des GPS   10
    2.2   Fehlerquellen   12
    2.3   Differentiell korrigierte Position (DGPS)   13

3   Die Hardware   16
    3.1   Der Controller ESP32   16
    3.1.1   Daten   16
    3.1.2   Boards   19
    3.2   Der GPS- Empfänger   21
    3.3   Idee der Hardware des Projektes   22

4   Die Programmteile   26
    4.1   Einrichtung der Arduino IDE   26
    4.2   Vorbereitung   28
    4.3   Anschluss der LED   29
    4.4   Touch-Sensor   31
    4.5   OLED-Anzeige   35
    4.6   GPS-Modul   39
    4.7   Übermittlung Differenzwerte   46
    4.7.1   ESP-NOW   46
    4.7.2   Sender: 48
    4.7.3   Empfänger   50

5   Realisierung   54
    5.1   Vorbemerkungen   54
    5.2   Hardware   54
    5.3   Software   57
    5.3.1   Die Referenzstation (Sender)   58
    5.3.2   Rover (Empfänger)   62

6   Schlussbemerkungen   67

7   Literaturhinweise   68

1   Vorwort

Sich auf der Erde zu orientieren war schon immer wichtig für die Menschheit. Anfangs reichten Hinweise in der Natur: Berge, Flussverläufe, Sonne, Mond und Sterne. Um sich in unbekanntem Gelände zu orientieren, benutzte man dann Landkarten, die die räumlichen Begebenheiten auf einem Blatt Papier darstellten. Dabei wurden verschiedenste Versuche unternommen, um die Erde, die ja bekanntlich keine Scheibe ist, zweidimensional darzustellen. Vor allem mit dem Aufkommen des Flugwesens ergab sich die Notwendigkeit, die Lage im Raum und in Bezug zu einem Ziel exakt zu bestimmen. Hierzu wurden in den dreißiger und vierziger Jahren des letzten Jahrhunderts verschiedene terrestrische Funknavigationsverfahren entwickelt.

Mit dem Fortschritt der Weltraumtechnik ergab sich die Möglichkeit, Satelliten zu nutzen. Ab Beginn der siebziger Jahre wurde ein solches als *Global Positioning System* (GPS) bezeichnetes System vom US-Verteidigungsministerium entwickelt. Die offizielle Bezeichnung ist *NAVSTAR GPS*.

Ursprünglich war es dafür gedacht, den Streitkräften die Möglichkeit zu geben, unter allen Witterungsbedingungen an jedem Ort der Erde die eigene Position genau zu bestimmen. Für zivile Anwendungen wurde das Signal künstlich „verschlechtert". Damit lag die Genauigkeit bei ca. 100 m. Seit dem Jahr 2000 ist diese Verschlechterung für zivile Nutzer abgeschaltet und ermöglicht Genauigkeit um die 10 m.

Neben dem System NAVSTAR GPS gibt es weitere Systeme:

- GLONASS (Russland)
- Beidou (China)
- Galileo (EU)
- Indian Regional Navigation Satellite System (IRNSS, Indien – im Aufbau)
- Quasi-Zenit-Satelliten-System (QZSS, Japan – im Aufbau)

Das Global Positioning System wird im täglichen Leben vielfältig genutzt. Es ist in den Navigationssystemen im Autos, Schiffen und Flugzeugen, in fast allen Handys, wird von der Landwirtschaft zur Bestellung der Äcker genutzt und dient im Vermessungswesen der genauen Bestimmung von Koordinaten.

Inspiriert für dieses Projekt hat mich der Artikel in [1]. In meinem Studium wurde die Satellitennavigation nur relativ kurz behandelt, da der Schwerpunkt bei mir ja auf der Geoinformatik lag. Ich wusste da aber dennoch, dass mit der Verwendung von Referenzstationen die Genauigkeit auf die für die Vermessung notwendige Genauigkeit im Zentimeterbereich erreicht werden kann. Mich hat jetzt die technische Realisierung interessiert. Leider konnte ich den Quelltext mir nicht ansehen. Ich musste mir also selbst den Weg zur Realisierung suchen.

Was mich auch etwas störte, war die Verwendung von XBee3-Module für die Kommunikation. Der Preis war mir einfach zu hoch. Ich verwende des ESP32 und der kann sowohl WiFi, als auch Bluetooth für die Kommunikation verwenden. Als GPS-Sensor verwende ich den GY-NEO6MV2. Er ist recht preiswert erhältlich. Der Nachfolger NEO8 könnte auch genutzt werden. ER bietet auch den Vorteil, dass er das Signal der Galileo-Satelliten der EU auswerten kann. Ich hatte aber zwei NEO6-Module und für Experimente reichten sie aus.

Kapitel 2
Grundgedanken

2   Grundgedanken

2.1   Prinzipielle Funktionsweise des GPS

Im Gegensatz zu den geostationären Fernsehsatelliten, die in ihrer Umlaufge-
schwindigkeit der Erdumdrehung angepasst sind und sich daher in fast
36000 km Entfernung befinden, benutzen die GPS-Satelliten eine bedeutend
niedrigere Umlaufbahn von ca. 20000 km. Das bedeutet, dass sie nicht ständig
für Beobachter auf der Erde sichtbar sind. Um alle Punkte auf der Erde errei-
chen zu können, ist das Raumsegment so konzipiert, dass 24 Satelliten die
Erde umkreisen. Dazu kommen noch Reservesatelliten. So wird erreicht, dass
mindestens 4 Satelliten auf jedem Ort und zu jeder Zeit erreichbar sind. Diese
Anzahl stellt auch die Mindestzahl für die Bestimmung des Standortes dar.

Das GPS-System ist ein Einweg-Entfernungsmessverfahren. Dabei wird die
Laufzeit des Signals vom Satelliten zum Empfänger auf der Erde zur Bestimmung der Entfernung benutzt. Um die Entfernung zu bestimmen, ist es
notwendig, dass man den genauen Zeitpunkt auf dem Satelliten kennt, an
dem das Signal gesendet wurde. Aus der Differenz zur Zeit auf der Erde kann
dann die Entfernung errechnet werden. Da sich die Signale mit Lichtgeschwindigkeit (also fast 300000 km/s) ausbreiten, ist eine sehr genaue Zeitmessung
erforderlich. In jedem Satelliten befindet sich daher ein Atomuhr.

Der Satellit sendet permanent auf zwei Frequenzen im L-Band-Bereich
(1,0–2,6 GHz). Auf beiden Sendefrequenzen ist ein Code aufmoduliert, der es
u.a. erlaubt, die Satelliten zu unterscheiden und die Uhrzeit des Satelliten zu
bestimmen. Die Navigationsnachricht hat eine Länge von 1500 Bit und wird
mit einer Datenrate von 50 Bit/s übertragen. Es dauert also 30 s, bis alles übertragen ist. Kodiert wird nach dem NMEA-System. Das System wurde
ursprünglich für die Marine entwickelt. In [2] ist beschrieben, wie die Daten
ausgewertet werden können.

Durch die Bestimmung der Laufzeit des Signals vom Satelliten bis zum Empfänger kann die Entfernung des Satelliten vom Standort bestimmt werden. Bei
einem Satelliten stellt das eine Kugel dar, in deren Mittelpunkt der Satellit
steht. Mein Standort befindet sich irgendwo auf der Oberfläche dieser Kugel.
Bei drei Satelliten schneiden sich die Oberflächen der Kugeln genau an meinem Standort. Für die eigentliche Ortsbestimmung benötigt man also drei
Satelliten.

Das Problem ist, dass wir im Empfänger keine Atomuhr, sondern nur einen quarzgesteuerten Zeitgeber haben. Eine Zeitdifferenz von 1 ms bedeutet aber eine Entfernungsdifferenz von 300 km. Es wird also noch ein vierter Satellit benötigt, über den eine Zeitkorrektur erfolgen kann.

Die Koordinaten werden mit Latitude (Breitengrad), Longitude (Längengrad) und der Höhe angegeben. Östlich des Nullmeridians (bis 90°) und für die Nordhalbkugel ist der Wert positiv, ansonsten negativ. Die Längen- und Breitengrade werden in Grad mit Kommastellen angegeben. Beispielsweise Berlin: Latitude.: 52,5067614°, Longitude.: 13,2846517°.

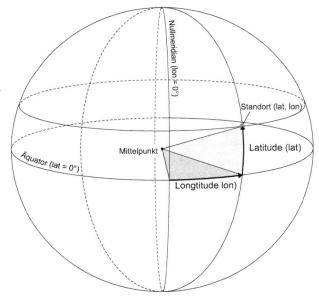

Abb. 1: Latitude und Longitude

Als geodätisches Referenzsystem dient der WEG84 (*World Geodetic System 1984*). Es ist bestmöglich der Erdoberfläche angepasst und ermöglicht Ortsangaben nach geografischer Länge und Breite. Das sich durch Verschiebung der Kontinentalplatten definierte ortsfeste Messpunkte verschieben, gibt es für Vermessungsarbeiten, die Genauigkeit im cm-Bereich benötigen, ein zusätzlichen dreidimensionales Referenzsystem (*ETRS89*). Die Höhenangabe ist der lotrechte Abstand des Standortes vom Rotationsellipsoid.

2.2   Fehlerquellen

Das Signal der Satelliten muss aus dem All zu uns kommen hierbei können Fehler auftreten, die die Genauigkeit der Positionsbestimmung beeinträchtigen. Der Fehler kann durchaus die Genauigkeit vom Meterbereich in den Zehnmeterbereich verschlechtern.

Fehlerquellen sind:

- *Ionosphärische und troposphärische Laufzeitverzögerung*
  Das Signal muss durch die Atmosphäre zur Erde. Dazu muss es durch die Ionosphäre und Troposphäre. Die Lichtgeschwindigkeit von 299792,458 m/s gilt nur im Vakuum. Also kommt es hier schon zu Laufzeitveränderungen. Dazu erfolgt durch die Unterschiedliche Dichte der einzelnen Schichten eine Brechung des Signals (ähnlich die Brechung des Lichtes in Glas oder Wasser). Der Weg wird damit länger. Hier spielt vor allem die Ionosphäre die Hauptrolle. Und je nach Tageszeit, Sonneneinstrahlung und sonstigen kosmischen Einflüssen, variiert deren Dicke.
  Weiterhin spielt es eine Rolle, in welchem Winkel sich der Satellit zu Standort sich befindet. Der Weg durch die Ionosphäre ist bei einem Standort direkt über uns kürzer, als wenn er sich kurz über dem Horizont befindet.
  Troposphärische Laufzeitverzögerungen treten von allem durch unterschiedliche Luftfeuchtigkeit auf.

- *Satelliten- und Empfängeruhrenfehler*
  Auf den Satelliten befindet sich zwar eine Atomuhr, aber auch die kann leicht driften. Die Genauigkeit wird über Kontrollsegmente (das sind mehrere auf der Erde verteilte Kontrollstationen) kontrolliert und gegebenenfalls korrigiert. Die Empfängeruhren werden über den vierten Satelliten korrigiert.

- *Mehrwegeeffekte*
  Wir befinden uns nicht auf einer glatten, ebenen Fläche. Oft sind in unmittelbarer Nähe Gebäude oder Wasserflächen. Das Satellitensignal kann von diesen Hindernissen reflektiert werden, was Messfehler erzeugt.

- *Dilution of Precision (DOP)*
  Damit ist die räumliche Verteilung der Satelliten gemeint. Günstig ist es, wenn der Winkel zu den Satelliten 90° beträgt. Dann schneiden sich die Kugeloberflächen der Entfernung optimal. Wenn die Winkel aber sehr

klein oder sich in Richtung 180° annähern, sinkt die Genauigkeit. Es können dabei folgende DOP-Typen berechnet werden:

- *VDOP*:   Maß der Genauigkeit in vertikaler Richtung
- *HDOP*:   Maß der Genauigkeit in horizontaler Richtung
- *PDOP*:   Genauigkeit der im Raum bestimmten Position
- *GDOP*:   wie PDOP, nur wird auch die Zeit mit berücksichtig
  GDOP ist eigentlich der nützlichste Wert. Viele GPS-Empfänger (auch der hier verwendete) berechnen aber nur den HDOP-Wert.

- Selektive Availability(S/A), Anti-Spoofing (A-S)
  Mit S/A wird die Uhrzeit der Satellitenuhr leicht ungenau gemacht (sie „zittert"), um die Positionsbestimmung zu verschlechtern. Das machte das US-Militär, um zivilen Anwendungen nicht die Genauigkeit von militärischen zu geben.
  Mit A-S wird zivilen Nutzern der Zugang zum GPS-System generell verwehrt. Das wird beispielsweise in Konfliktgebieten genutzt.

2.3   Differentiell korrigierte Position (DGPS)

Wenn wir an einem Standort die Koordinaten genau kennen, können wir anhand der vom Satelliten ermittelten Daten die Abweichungen, die durch die oben genannten Fehlerquellen auftreten, genau bestimmen. Dieser Empfänger wird auch *Referenz-Empfänger* genannt. Ein anderer Empfänger (genannt *Rover-Empfänger*), der sich in der Nähe befindet, wird die selben Abweichungen haben. Man muss also nur die Abweichungen am bekannten Standort bestimmen und diese zur Korrektur an den anderen Empfänger schicken. Der Slave-Empfänger kann dann die Korrekturwerte in seine Standortbestimmung mit einfließen lassen. Dadurch kann man die Genauigkeit dieses zweiten Empfängers bedeutend erhöhen. Die Übertragung dieser Korrekturwerte kann über Funk erfolgen. In unserem Fall bietet sich hierfür WiFi oder, für kurze Entfernungen, Bluetooth an.

Das Problem wäre, den genauen Standort des Master-Empfängers genau zu bestimmen. Wenn man eine größere Anzahl von empfangenen Koordinaten mittelt, kommt man dem eigenen Standort recht nahe. Diese Methode wird im nachfolgenden Beispiel angewendet.

Kapitel 3
Hardware

3   Die Hardware

3.1   Der Controller ESP32

3.1.1   Daten

Der Mikrocontroller ESP32 der chinesischen Firma Espressif ist ein 32-bit-Controller. Der eigentliche Prozessorkern ist der Xtensa® Dual Core 32-bit LX6, der mit einem Systemtakt von bis 240 MHz arbeitet. Die Chips stellen eine Familie dar, die unterschiedlich ausgestattet ist. Daraus abgeleitet sind verschiedene Module, die unterschiedliche Abmessungen haben und mit zusätzlichen Funktionen versehen sind.

Für uns wichtig sind, als eigentlicher Chip (bezeichnet als SoC – System on a Chip, was Ein-Chip-System bedeutet):

- ESP32-D0WD-V3
- ESP32-U4WHD

In [4] kann man sich die Unterschiede ansehen. Wir benutzen aber nicht die SoC, sondern die Module, in denen sie verbaut sind. Hier sind es für uns wesentlich drei Module:

- ESP-32-WROOM Serie
  - basiert auf ESP32-D0WD-V3
  - Dual-Core
  - Taktfrequenz: max. 240 MHz
  - 4, 8 oder 16 MB Flash-Speicher
  - WiFi, Bluetooth/Bluetooth LE
  - GPIO: 26

- ESP32-WROVER Serie
  - basiert auf ESP32-D0WD-V3
  - Dual-Core
  - Taktfrequenz: max. 240 MHz
  - 4, 8 oder 16 MB Flash-Speicher
  - 8 MB PSRAM
  - WiFi, Bluetooth/Bluetooth LE
  - GPIO: 24

- ESP32-MINI Serie
  - basiert auf ESP32-U4WHD
  - Single-Core
  - Taktfrequenz: max. 160 MHz
  - für einfache WiFi und Bluetooth/Bluetooth LE Anwendungen
  - GPIO: 28

Die Module gibt es mit PCB-Antenne oder auch mit IPEX-Antennenanschluss.

Bis auf den PSRAM sind ja ESP32-WROOM und ESP32-WROVER weitestgehend identisch. Die wichtigsten Daten sind:

- Betriebsspannung: 3,0 … 3,6 V

- Wireless:
  - WiFi: IEEE 802.11 b/g/n; 2,4 GHz; HT20/40; bis 150 Mbps
  - Bluetooth: BR/EDR + Bluetooth LE v4.2

- Speicher:
  - SRAM: 520 KB für Daten und Befehle
  - ROM: 448 KB für Booten und Kernfunktionen
  - RTC SRAM: 16 KB

- Peripherie:
  - ADC: 2*12 bit ADC, 18 Kanäle
  - DAC: 2*8 bit
  - Touch-Sensoren: 10
  - GPIO: 26 (WROVER: 24)
  - UART: 3
  - SPI: 4
  - SDIO Host: 1
  - SDIO Slave: 1
  - I2C: 2
  - I2S: 2
  - PWM: 2*8 Kanäle
  - Hall-Sensor: 1
  - JTAG
  - Infrarot-Controller: 8 Kanäle

- Timer
  - 64-bit-Universaltimer: 4
  - Watchdog-Timer: 3
  - Impulszähler: 3

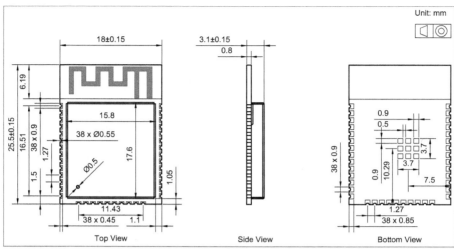

Abb. 2: Abmessungen des ESP32-WROOM-32E (aus [5])

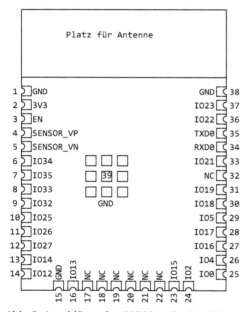

Abb. 3: Anschlüsse des ESP32-WROOM-32E

Das Anschlussraster des Moduls ist 1,27 mm.

Beim ESP32-WROOM32UE entfällt der Platz für die Antenne. Dafür hat das Modul einen IPEX-Anschluss für eine externe Antenne.

3.1.2 Boards

Es gibt eine ganze Reihe von Entwicklungsboards von Espressif und Drittanbietern.

Von Espressif selbst kommen:

- ESP32-PICO-KIT
  - Basiert auf dem ESP32-PICO-D4
  - kleinstes Board
  - alle Pins erreichbar
  - minimale Anzahl diskreter Komponenten

- ESP-WROVER-KIT
  - mit dem ESP32-WROVER-E-Modul
  - umfangreiche Funktionen (LCD, MicroSD, Kamera-Header, JTAG usw.)
  - mehrere Anschlussleisten

- ESP32-DevKitC-32E/UE
  - mit ESP32-WROOM32E (mit PCB-Antenne) oder ESP32-WROOM-32UE (IPEX-Antennenanschluss)
  - Plattform für Einsteiger
  - alle Pins stehen zur Verfügung

Abb. 4: ESP32-DevKit (hier von Dritthersteller) (links) und ESP32-PICI-Kit auf Steckboard

In den folgenden Beispielen benutze ich das ESP32-DevKit. Die Anschlussfolge der Pins muss man beim entsprechenden Hersteller des Boards nachsehen, da diese etwas von Hersteller zu Hersteller variieren. In der Regel ist die Pinbelegung auf oder unter der Platine aufgedruckt.

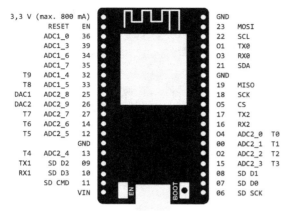

Abb. 5: Belegung ESP32-DevKit

Wenn man direkt mit dem Modul arbeiten möchte, ist ein Adapter interessant.

Abb. 6: Adapter für den ESP32-WROOM-32E (für den WROVER gibt es auch Adapter)

Das Modul kann über Federklemmen eingeklickt werden. Über die USB-Schnittstelle kann der Adapter (wie die Boards oben) mit der Arduino IDE verbunden werden. Angesprochen wird er wie das ESP32-DevKit. Man kommt an alle Anschlüsse über Steckverbinder und kann nach der Programmierung das Modul entnehmen und auf die Leiterplatte löten. Falls es bei macOS eine Fehlermeldung gibt (*A fatal error occurred: Failed to write to target RAM (result was 01070000)*), fehlt der Treiber für den CH34x-Chip [7].

Die Betriebsspannung der ESP32-Module beträgt 3,3 V. Auf des Entwicklungsboards und dem Adapter befindet sich ein Spannungswandler. Die Boards können somit über die USB-Schnittstelle mit 5 V versorgt werden, ohne den Controller zu beschädigen.

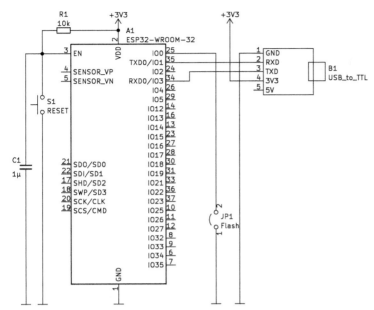

Abb. 7: Schaltung, um des ESP32 zu flashen

Wenn man die Arduino IDE und die Entwicklungsboards oder den Adapter benutzt, schaltet die IDE das Modul selbstständig in den Programmiermodus.

Wenn man das Modul aber bereits in der Schaltung einbaut, hat man ja nicht mehr die USB-Schnittstelle zur Verfügung. Hier muss man dafür sorgen, dass zum Laden des Flash-Speichers **EN** an **+3,3 V** liegt und der Anschluss **IO0** auf Masse liegt (s. **Abb.7**). Nach der Programmierung wird diese Masseverbindung wieder getrennt und der **IO0** kann anderweitig verwendet werden.

Aber unbedingt 3,3 V verwenden! Es gibt Adapter, bei denen man die Spannung umschalten kann. Wenn der USB-Seriell-Adapter nur 5 V abgibt, muss die Ausgangsspannung des Adapters über einen Spannungsteiler oder Pegelwandler herabgesetzt werden.

3.2   Der GPS- Empfänger

Als GPS-Empfänger nutzen wir hier das Modul GY-GPSV3-NEOxxx. Auf ihn sind entweder der NEO-6M, NEO-7M, NEO-M8M oder NEO-M8N verbaut. Dabei ist der höhere Empfänger immer mit den anderen abwärtskompatibel. Die Daten aller Module ähneln sich weitestgehend. Der Hauptunterschied sind die Satelliten, die empfangen werden können:

- NEO-6-Serie: GPS
- NEO-7-Serie: GPS, GLONASS
- NEO-8-Serie: GPS/Galileo und BeiDou oder GLONASS
                  (3 Systeme können empfangen werden)

Die Betriebsspannung beträgt bei allen max. 3,6 V. Alle besitzen als Schnitt-
stellen UART, USB V2.0, SPI und DDC (I2C-konform). Als Protokolle werden
verwendet: NMEA, UBX binary und RTCM.

Die GY-GPSV3-NEOxxx-Module besitzen als Anschlüsse VCC und GND sowie
RX und TX. Als Antenne dient eine Keramik-Antenne, die entweder fest auf
der Platine verbaut ist oder über IPEX-Anschluss angeschlossen wird. Die Datenrate für die serielle Schnittstelle beträgt bei alles drei Modulen 9600 baud.

3.3   Idee der Hardware des Projektes

Für den Referenz- und den Rover-Empfänger soll die selbe Schaltung genommen werden. Das hat den Vorteil, dass nur ein Leiterplattenentwurf gemacht
werden muss. Und da bei einigen Dienstleistern, die Leiterplatten herstellen,
die Mindestbestellmenge 5 Stück ist, haben wir hier auch einen preislichen
Vorteil.

Als Stromversorgung sind Alkalibatterien oder LiPo-Akkumulatoren vorgesehen. Es muss also ein Spannungsregler vorhanden sein. Zur Anzeige kommt
ein 0,96"-OLED-Display mit der Auflösung 128 px * 64 px zum Einsatz.

Das Controller-Modul wird über einen Adapter außerhalb der Schaltung programmiert und dann eingelötet. Damit die Software später aktualisiert werden
kann, ist ein Jumper vorgesehen. Durch das Legen von **GPIO0** auf Masse wird
der Programmiermodus eingestellt. Um nach entfernen der Brücke wieder in
den normalen Betriebsmodus zu kommen, drückt man den RESET-Button.

Zur Anzeige von zusätzlichen Informationen des Betriebszustandes wird eine
RGB-LED genommen. Die einzelnen Zustände werden dann durch verschiedene Farben angezeigt. Dadurch sparen wir uns die Verwendung mehrerer LED
und sind flexibel mit der Wahl der Anzahl der Anzeigezustände.

Wir müssen ja immer damit rechnen, dass das fertige Projekt im Außeneinsatz
nass werden kann. Daher sollten so wenig Öffnungen wie nur möglich sein.
Wir benötigen aber zumindest einen Schalter zur Festlegung des Referenz-
standortes. Der ESP32 besitzt die Möglichkeit, die Anschlüsse **GPIO0, 2, 4,**

12, **13**, **14**, **15**, **27**, **32** und **33** als Touch-Sensoren zu verwenden. Das wollen wir ausnutzen, um einen „wasserdichten" Schalter aufzubauen.

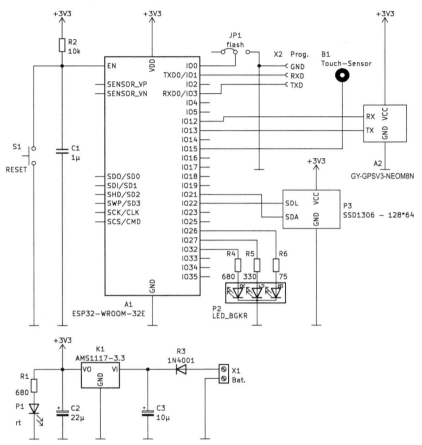

Abb. 8: Die Schaltung des Projektes

Die unterschiedlichen Werte für die LED resultieren aus den unterschiedlichen Spannungen U_F der einzelnen LED-Farben. Es sollte sich ein Strom durch die LED von ca. 2 mA einstellen.

Kapitel 4
Programmteile

4   Die Programmteile

4.1   Einrichtung der Arduino IDE

Die Arduino IDE ist von Haus aus auf die Hardware von den Arduino-Boards ausgerichtet. Die IDE selbst beschreibe ich jetzt nicht. In [6] kann dazu mehr nachgelesen werden.

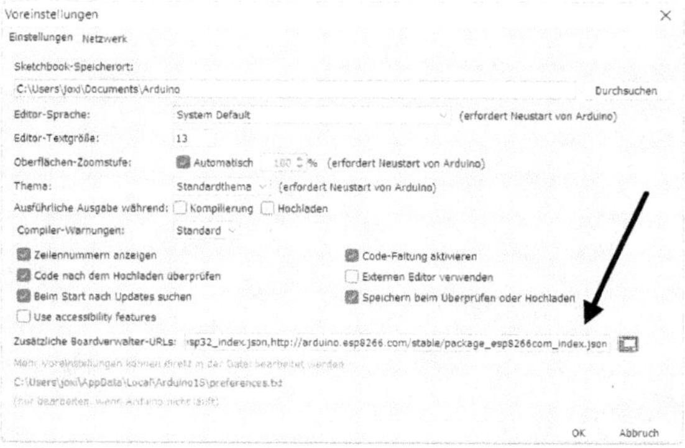

Abb. 9: Erweiterung der Voreinstellungen für den ESP32

In das Feld *Zusätzliche Boardverwalter-URL* wird als URL eingetragen (in der **Abb. 9** ist zusätzlich noch die URL für des ESP8266 eingetragen):
`https://raw.githubusercontent.com/espressif/arduino-esp32/gh-pages/`
`package_esp32_index.json`

Danach kann über den Boardverwalter der ESP32 ausgewählt werden.

Abb. 10: Auswahl über den Boardverwalter

In der Board-Auswahl stehen jetzt Boards verschiedener Hersteller zur Auswahl zur Verfügung. Für die *ESP32 DevKitCs* und den Adapter bietet sich die Einstellung *DOIT ESP32 DevKit V1* an.

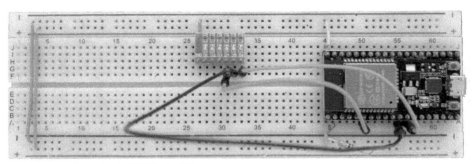

Abb. 11: Steckbord mit ESP32 DivKit

Für die Erprobung der einzelnen Funktionalitäten benutzen wir ein Steckboard und das ESP32 DevKit oder den Adapter mit dem ESP32-WROOM32-Modul. Ich nehme letzteres, weil da die Anschlüsse besser beschriftet sind. Und, wenn man fertig ist, ist das Programm bereits im Flash.

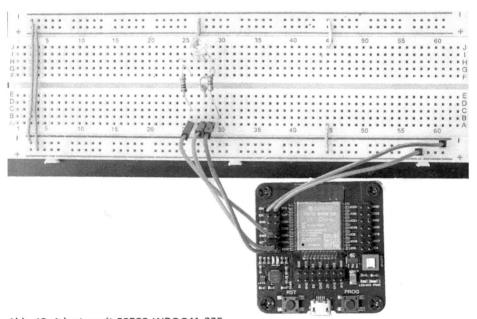

Abb. 12: Adapter mit ESP32-WROOM-32E

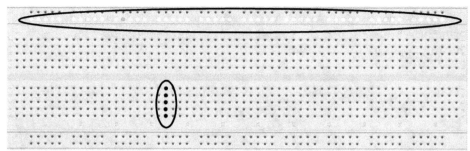

Abb. 13: Die eingekreisten Kontakte sind miteinander verbunden

Bei dem Steckboard sind die Stromversorgung-Steckkontakte (oben eingekreist) und imm er fünf senkrechte (unten eingekreist) miteinander verbunden
(Abb. 13). Dadurch können die Bauelemente miteinander verbunden werden.

Sowohl bei der Entwicklung von Hardware, als auch Software ist es sinnvoll,
das Projekt in kleine Schritte zu zerlegen und diese einzeln aufzubauen bzw.
zu programmieren. Das hat den Vorteil, dass wir nur mit Fehlern zu „kämpfen"
haben, die diesen Schritt betreffen. Ansonsten hätten wir eventuell eine Vielzahl von Fehlern an unterschiedlichen Stellen. Das mag vielleicht etwas
übertrieben aussehen aber der Mensch neigt dazu, sich zu irren und Fehler zu
machen. Das geht schon los mit dem einfachen Abschreiben des Quelltextes!

Falls beim Hochladen die Meldung auftauchen sollte: „`A fatal error occure-
d: Failed to connect to ESP32: Wrong boot mode detected (0x13)! The chip
needs to be in download mode.`" muss die Boot-Taste auf dem Entwicklerboard
beim Start des Hochladens gedrückt werden, um das Modul in den Flash-Modus zu versetzen.

4.2   Vorbereitung

Wir benutzen sowohl für den Referenz-, als auch Rover-Empfänger die selbe
Hardware. Auch wird die Software ich vielen Punkten identisch sein. Den
Sketch der Referenzstation nenne ich **DGPS_R.ino**. Um das eigentlich Haupt-
programm übersichtlich zu halten, werden wir Funktionen in weitere Dateien
auslagern. Das erfolgt durch das Klicken auf die drei Punkte rechts oben im
Fenster der Arduino IDE.

Im Ordner der Hauptdatei wird eine weitere Datei (ohne eigenen Ordner) an-
gelegt. Den Namen legen wir fest. Er ist weitestgehend egal. Wir nennen sie
funktionen.ino. Diese Datei ist ohne Grundgerüst völlig leer. In diese Datei
fügen wir später die Funktionen ein.

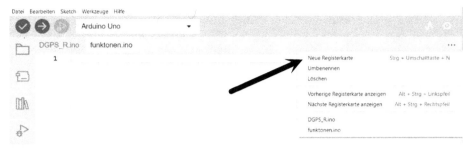

Abb. 14: Aufteilung in mehrere Dateien

Die Verknüpfung ist unter der Arduino IDE recht einfach: Alles, was sich an Dateien mit der Endung .ino im Ordner befindet wird beim Compilerdurchlauf zu einer Datei zusammengefasst. Probleme können sich nur ergeben, wenn auf Funktionen zugegriffen wird, die noch nicht deklariert wurden. Dieses Problem kann man umgehen, indem im Hauptprogramm einfach ein Funktionsprototyp (also nur der Kopf der Funktion) eingefügt wird. Unbedingt notwendig ist es im Prinzip kaum, stellt aber einen guten Programmierstil dar.

4.3 Anschluss der LED

Es hört sich etwas seltsam an, dass eine so einfache Sache, wie der Anschluss von drei LED, vorher getestet werden soll. Wir gehen nach dem Test aber sicher, dass die richtige Farbe am richtigen Anschluss angeschlossen ist und die Widerstandswerte der richtigen LED zugeordnet sind. Man sieht dann auch, ob die Helligkeit so ist, wie man es haben möchte. Unterschiedliche RGB-LED-Typen können dabei unterschiedliche Kennlinien besitzen.

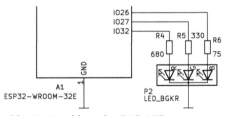

Abb. 15: Anschluss der RGB-LED

Durch die LED sollen 2 mA Strom fließen. Laut Datenblatt liegen dann über über den LED:

- blau: 3,1 V
- grün: 2,6 V
- rot: 1,8 V

Aus diesen Werten resultieren die Widerstände (± Toleranz und nach E-Reihe).

Im Testprogramm werden die LED nacheinander einschaltet. Die vorherige LED wird dabei immer abgeschaltet.

```
const byte LED_bl = 26;
const byte LED_gn = 27;
const byte LED_rt = 32;

void setup() {
  pinMode(LED_bl, OUTPUT);
  pinMode(LED_gn, OUTPUT);
  pinMode(LED_rt, OUTPUT);
}

// ledAus() sorgt dafür, dass alle LED ausgeschaltet werden

void ledAus() {
  digitalWrite(LED_bl, LOW);
  digitalWrite(LED_gn, LOW);
  digitalWrite(LED_rt, LOW);
}

void loop() {
  ledAus();
  digitalWrite(LED_rt, HIGH);
  delay(1000);
  ledAus();
  digitalWrite(LED_gn, HIGH);
  delay(1000);
  ledAus();
  digitalWrite(LED_bl, HIGH);
  delay(1000);
}
```

Wenn alles funktioniert, kann der Inhalt von **loop()** gelöscht werden. Die Funktion **ledAus()** kopieren wir in die Datei **funktionen.ino** und lassen nur die Funktionsdeklaration an dieser Stelle.

```
…
void ledAus();
…
```

Sicherheitshalber kann man ja noch einmal kompilieren und sehen, ob noch alles funktioniert.

4.4   Touch-Sensor

Der ESP32 verfügt über 10 Touch-Sensoren. Es sind:

- T0   (GPIO4)
- T1   (GPIO0)
- T2   (GPIO2)
- T3   (GPIO15)
- T4   (GPIO13)
- T5   (GPIO12)
- T6   (GPIO14)
- T7   (GPIO27)
- T8   (GPIO33)
- T9   (GPIO32)

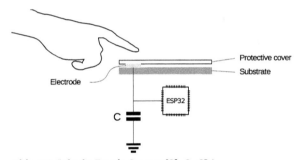

Abb. 16: Prinzip Touch-Sensor [8], S. 621

Sie arbeiten als kapazitive Berührungssensoren. Das Bild zu Darstellung des Prinzips habe ich der Dokumentation [8] entnommen.

Die Touch-Elektrode stellt eine Kapazität gegen Erde dar. Diese wird periodisch geladen und entladen. Jeder Wechsel erzeugt einen Ausgangsimpuls. Je nach Kapazität (berührt: hohe Kapazität, nicht berührt: niedrige Kapazität) ergeben sich unterschiedliche Flankensteilheiten. Durch Vergleich des Unterschiedes dieser Impulse innerhalb eines Zeitintervalls kann ermittelt werden, ob der Sensor berührt wurde – oder nicht.

Der Sensor kann eine beliebige Metallfläche sein. Sie kann, ab einer gewissen Größe, auch mit einer Schutzschicht versehen werden. Das Auslesen erfolgt mit dem Kommando

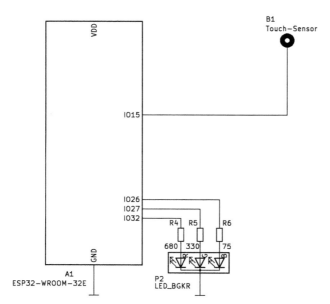

Abb. 17: Anschluss des Touchsensors

```
touchRead(TOUCH_PIN)
```

In der Schaltung nutzen wir als Sensor **T3 (GPIO15)**.

Als Sensor können wir für den Test einfach ein Stück Draht nehmen, das am Ende abisoliert ist. Dort fassen wir dann an. Wir legen einen Faktor fest, der die Schwelle darstellt. Hier 80% des Wertes, der als Startwert festgelegt ist. Im Beispiel werden die Werte auf den Seriellen Monitor ausgegeben. Bei mir waren es im unberührten Zustand der Wert um die 90 und im berührten Zustand 60 bis 70. Als Anzeige der Reaktion habe ich einfach die rote LED aus dem vorherigen Versuch genommen.

```
#define FAKTOR_SCHWELLE 0.8
#define TOUCH_PIN T3              // GPIO15

const byte LED_bl = 26;
const byte LED_gn = 27;
const byte LED_rt = 32;

byte erstWert;

void ledAus();
```

```
void lesenTouch(byte ledPin) {
  byte aktWert = 0;
  aktWert = touchRead(TOUCH_PIN);

  while (aktWert < erstWert * FAKTOR_SCHWELLE) {
    Serial.print("erstWert: ");
    Serial.println(erstWert);
    Serial.print("aktWert_an: ");
    Serial.println(aktWert);

    digitalWrite(ledPin, HIGH);

    do {
      aktWert = touchRead(TOUCH_PIN);
    } while (aktWert < erstWert * FAKTOR_SCHWELLE);

    Serial.print("aktWert_los: ");
    Serial.println(aktWert);
    Serial.println();

    digitalWrite(ledPin, LOW);
  }
}

void setup() {
  Serial.begin(115200);
  pinMode(LED_bl, OUTPUT);
  pinMode(LED_gn, OUTPUT);
  pinMode(LED_rt, OUTPUT);
  ledAus();
  erstWert = touchRead(TOUCH_PIN);
}

void loop() {
  lesenTouch(LED_rt);
}
```

Die **do-while**-Schleife bewirkt, dass die **while**-Schleife erst verlassen wird, wenn man den Sensor wieder loslässt.

Anschließend können die **Serial.print()**- und **Serial.println()**-Anweisungen wieder gelöscht werden. Die Funktion void **lesenTouch(byte ledPin)** kommt zu den Funktionen und die Deklaration bleibt im Hauptprogramm:

```
void ledAus();
void lesenTouch(byte ledPin);
```

Eine elegantere Lösung ist die Verwendung von Interrupts. Ein Interrupt ist eine Programmunterbrechung, in der ein Unterprogramm (die Interruptserviceroutine ISR) ausgeführt wird.

Für die Verwendung von Interrupts bei Berührungssensoren gibt es den Befehl **touchAttachInterrupt(<Touchpin>, <ISR>, <Schwellwert>)**. Die ISR wird hier *ohne* die Klammern eingesetzt! Im folgenden Beispiel zählen wir einen Zähler herunter und setzen ihn mit einem Interrupt neu:

```
#define SCHWELLWERT 80
#define TOUCH_PIN T3              // GPIO15

volatile byte counter = 0;
portMUX_TYPE mux = portMUX_INITIALIZER_UNLOCKED;

// die ISR
void IRAM_ATTR countReset() {
  counter = 0;
}

void setup() {
  Serial.begin(115200);
  touchAttachInterrupt(TOUCH_PIN, countReset, SCHWELLWERT);
}

void loop() {
  if (counter <= 10) {
    Serial.print(counter);
    Serial.print(" ");
    portENTER_CRITICAL(&mux);
    counter++;
    portEXIT_CRITICAL(&mux);
  } else {
    Serial.println("counter > 10");
  }

  delay(1000);
}
```

Hier ist etwas Erklärung notwendig:

- **volatile byte counter = 10;**
  Da die ISR und das Hauptprogramm auf counter zugreifen wird
  verhindert, dass der Compiler diese Variable „wegrationalisiert"

- **IRAM_ATTR**
  Dieses Attribut sorgt dafür, dass der Code im internen IRAM abgelegt
  wird. Dadurch erhöht sich die Ausführungsgeschwindigkeit.

Da (derzeitig) die von der Arduino-IDE-Umgebung gewohnten Funktionen
nointerrupts() und **interrupts()** nicht im ESP32-Arduino-Core implementiert sind, können zeitkritische Variablen hiermit geschützt werden:

- **portMUX_TYPE mux = portMUX_INITIALIZER_UNLOCKED;**
  Die Variable **mux** wird für die Synchronisierung zwischen Hauptcode und
  Interrupt benötigt, wenn kritische Variablen geschützt werden sollen.

- **portENTER_CRITICAL(&mux), portEXIT_CRITICAL(&mux)**
  Mit diesen beiden Makros wird die Variable umschlossen, die vor dem
  Zugriff anderer Programmteile geschützt werden soll. Dadurch wird
  verhindert, dass gleichzeitig schreibend auf die Variable zugegriffen wird.

Im Beispiel ist **counter++** damit geschützt.

In unserem Falle muss das aber nicht sein. Es dient einfach als Beispiel, falls in
anderen Anwendungen zeitkritische Anweisungen auftreten sollten.

4.5 OLED-Anzeige

Als Anzeige verwende wir das OLED-Display SSD1306 mit einer Auflösung
von 128 px * 64 px. Es gibt es als Display mit der Anzeigefarbe weiß, blau und
gelb (obere Zeile)/blau. Welches wir nehmen ist eigentlich egal.

Über den Bibliotheksverwalter müssen wir die Bibliotheken *Adafruit SSD1306
von Adafruit* und *Adafruit GFX Library von Adafruit* installieren.

Das Display schließen wir über den I²C-Bus an. Dabei sind

- **GPIO21: SDA**
- **GPIO22: SCL**

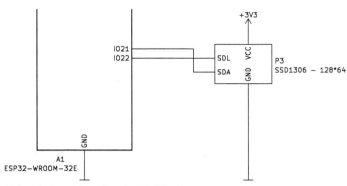

Abb. 18: Anschluss des OLED-Displays

Abb. 19: Bibliothek SSD1306

Die Schriftgröße der Standardschrift des OLED-Displays kann mit der Methode **setTextSize(n)** geändert werden. Dabei ist **n** = **1** ... **8**. Dabei war mir aber **n** = **1** zu klein und **n** = **2** zu groß. Als Alternative ist eine andere Schriftart zu wählen.

Die in der Adafruit GFX Graphics Library vorgeschlagenen Schiften des GNU *FreeFont*-Projektes passten von der Größe auch nicht (die kleinste Schrift war 9 pt). Mit einem Font-Converter [9][10] kann eine vorhandene Schrift für das Display konvertiert werden. Es bietet sich hier die Schrift Consolas an. Sie ist in der Regel bereits im Betriebssystem des Rechners installiert, Monospace (also feste Zeichenbreite) und ist gut lesbar. Mit [9] habe ich die Schrift mit einer Größe von 7 pt konvertiert. Mit *Sketch → Datei* hinzufügen wird der Font übernommen und in einem Ordner **data** abgelegt. Ich habe die Bezeichnung einfach so gelassen.

```
#include <Adafruit_GFX.h>
#include <Adafruit_SSD1306.h>
#include <Wire.h>
#include "data/consola7pt7b.h"  // Schrift: Consolas, 7 pt
```

```
#define SCREEN_WIDTH 128
#define SCREEN_HEIGHT 64
#define OLED_RESET -1

// Deklaration des SSD1306 als I2C
Adafruit_SSD1306 oled(SCREEN_WIDTH, SCREEN_HEIGHT, &Wire, OLED_RESET);

void setup() {
  Serial.begin(115200);
  oled.begin(SSD1306_SWITCHCAPVCC, 0x3C);  // init I2C Adr. 0x3C

  oled.setTextColor(WHITE);      // damit die Schrift zu sehen ist
  oled.setFont(&consola7pt7b);
}

void loop() {
  oled.clearDisplay();
  oled.setCursor(0, 10);
  oled.println("Referenz--Sat: 9");  // 4 Zeilen a 16 Zeichen
  oled.println("1234567890123456");  // der Inhalt ist nur zum Test
  oled.println("Lng:12.345678901");
  oled.print("abcdefghijklmnop");
  oled.display();             // Übernahme der darüber stehenden Werte
  delay(2000);
}
```

Den Ordner **data** kopieren wir in den Ordner von **DGPS_R**.

Die Datei **DGPS_R.ino** sieht jetzt so aus:

```
#include <Adafruit_GFX.h>
#include <Adafruit_SSD1306.h>
#include <Wire.h>
#include "data/consola7pt7b.h"  // Consolas, 7 pt

#define FAKTOR_SCHWELLE 0.8
#define TOUCH_PIN T3             // GPI15
#define SCREEN_WIDTH 128
#define SCREEN_HEIGHT 64
#define OLED_RESET -1

const byte LED_bl = 26;
```

```
const byte LED_gn = 27;
const byte LED_rt = 32;

byte erstWert;

// Deklaration SSD1306 als I2C
Adafruit_SSD1306 oled(SCREEN_WIDTH, SCREEN_HEIGHT, &Wire, OLED_RESET);

void ledAus();
void lesenTouch(byte ledPin);

void setup() {
  Serial.begin(115200);
  pinMode(LED_bl, OUTPUT);
  pinMode(LED_gn, OUTPUT);
  pinMode(LED_rt, OUTPUT);
  ledAus();

  oled.begin(SSD1306_SWITCHCAPVCC, 0x3C);  // init I2C Adr. 0x3C
  oled.setTextColor(WHITE);
  oled.setFont(&consola7pt7b);

  erstWert = touchRead(TOUCH_PIN);
}

void loop() {

}
```

Die Funktionsdefinition der beiden Funktionen ist in **funktionen.ino**:

```
void ledAus() {
  digitalWrite(LED_bl, LOW);
  digitalWrite(LED_gn, LOW);
  digitalWrite(LED_rt, LOW);
}

void lesenTouch(byte ledPin) {
  byte aktWert = 0;
  aktWert = touchRead(TOUCH_PIN);

  while (aktWert < erstWert * FAKTOR_SCHWELLE) {
    digitalWrite(ledPin, HIGH);
```

```
do {
  aktWert = touchRead(TOUCH_PIN);
  } while (aktWert < erstWert * FAKTOR_SCHWELLE);
  digitalWrite(ledPin, LOW);
}
}
```

4.6 GPS-Modul

Wir verwenden das Modul GY-GPSV3-NEO. Auf diesem Modul können verschiedene NEO-Module verbaut sein: 6M, 7M, M8M, M8N [11].

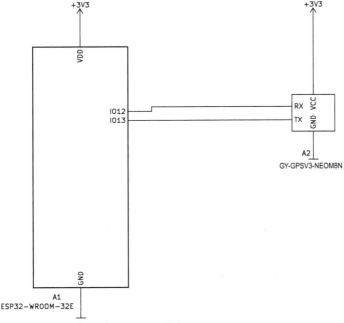

Abb. 20: Anschluss des GPS-Moduls

Ich empfehle dringend, bei den Versuchen das GPS-Modul außerhalb von Gebäuden zu platzieren. Sonst wird der Empfang ein Geduldsspiel! Je nach Satellitenkonstellation kann es eine Weile dauern, bis man Daten erhält. Im ungünstigen Fall kann man sich schon mal eine Tasse Kaffee zubereiten.

Prinzipiell funktionieren alle. Ich verwende das Modul mit dem NEO-M8N. Es hat den Vorteil, auch Galileo-Satelliten empfangen zu können und besitzt eine separate Antenne. Aber für unsere Zwecke sind ansonsten alle miteinander kompatibel.

Der ESP32 besitzt drei UART-Schnittstellen (**UART0, UART1, UART2**). Per Default sind sie bestimmten Pins zugeordnet (s. **Abb. 5**). Dabei dient **UART0** der Kommunikation für Programmierung und **RESET/BOOT** sowie in Development-Modulen der Kommunikation über die USB-Schnittstelle. **UART1** wird von einigen Boards für den **SPI Flash** Zugang benutzt.

Mit SoftwareSerial weisen wir der **UART2** die Pins **GPIO 12** und **13** zu. Dazu installieren wir die Bibliothek **SoftwareSerial.h**. Sie ist als Bibliothek zu finden unter *EspSoftwareSerial von Dirk Kaar und Peter Lerup*.

```
#include <SoftwareSerial.h>

static const int RXPin = 13;  // TX GY-GPSV3-NEOM8N an RX UART
static const int TXPin = 12;  // und umgekehrt
static const uint32_t GPSBaud = 9600;

SoftwareSerial ss(RXPin, TXPin);   // UART heißt jetzt ss

void setup() {
   Serial.begin(115200);      // für den Seriellen Monitor
   ss.begin(GPSBaud);
}
```

Alternativ könnte auch **HardwareSerial** genommen werden (s.a. [12]). Diese brauchen wir nicht extra mit dem Bibliotheksverwalter zu holen, da sie bereits in der Arduino IDE vorhanden ist. Bei mir lief aber **SoftwareSerial** stabiler.

Die eigentliche Kommunikation und Auswertung mit dem GPS-Modul übernimmt die Bibliothek **TinyGPSPlus** [13]. Diese Bibliothek müssen wir über den Bibliotheksverwalter installieren.

```
#include <TinyGPSPlus.h>
TinyGPSPlus gps;      // erstellen des Objektes gps vom Typ TinyGPSPlus
```

Über das Objekt **gps** können wir auf zahlreiche Methoden zugreifen. Die für uns jetzt erst einmal wichtigsten wären:

- **gps.encode(ss.read())**
  holt die Daten vom GPS-Empfänger

- `gps.location.lat()`
  Latitude in Grad, Datentyp: **double**

- `gps.location.lng()`
  Longitude in Grad, Datentyp: **double**

- `gps.date.year()`
  GPS-Datum (YYYY), Datentyp: **uint16_t**

- `gps.date.month()`
  GPS-Datum (MM), Datentyp: **uint8_t**

- `gps.date.day()`
  GPS-Datum (DD), Datentyp: **uint8_t**

- `gps.time.hour()`
  GPS-Zeit Stunden (0-23), Datentyp: **uint8_t**

- `gps.time.minute()`
  GPS-Zeit Minuten (0-59), Datentyp: **uint8_t**

- `gps.time.second()`
  GPS-Zeit Sekunden (0-59), Datentyp: **uint8_t**

- `gps.time.centisecond()`
  GPS-Zeit Zentisekunden (0-99), Datentyp: **uint8_t**

- `gps.altitude.meters()`
  Altitude (Höhe) in Metern, Datentyp: **double**

- `gps.satellites.value()`
  Anzahl der empfangenen und benutzten Satelliten, Datentyp: **uint32_t**

- `gps.hdop.value()`
  horizontale Dimension der Präzision in Hundertstel, Datentyp: **int32_t**

Weiterhin ist es möglich zusätzliche Daten aus dem NMEA-Datensatz auszuwerten. Beispiel:

```
// 10. Wert der Variable $GPRMC des NMEA-Datensatzes
TinyGPSCustom magneticVariation(gps, "GPRMC", 10);

Serial.println(magneticVariation.value());
```

Mehr zum NMEA-Datensatz kann man in [14] finden.

```
#include <TinyGPSPlus.h>
#include <SoftwareSerial.h>

static const int RXPin = 13;
static const int TXPin = 12;
static const uint32_t GPSBaud = 9600;

SoftwareSerial ss(RXPin, TXPin);

TinyGPSPlus gps;

byte timeSecAlt = 0;

void readGPS();

void setup() {
  Serial.begin(115200);
  ss.begin(GPSBaud);
}

void loop() {
  while (ss.available() > 0) {
    gps.encode(ss.read());
    readGPS();
  }
  if (millis() > 5000 && gps.charsProcessed() < 10) {
    Serial.println(F("No GPS detected: check wiring."));
    while(true);
  }
}
```

Und die Funktion **readGPS()**:

```
void readGPS() {
  byte timeSec = gps.time.second();

  if (gps.location.isValid() && gps.satellites.value() >= 4) {

    Serial.print("LAT = ");
    Serial.print(gps.location.lat(), 9);
    Serial.print(" --- LNG = ");
```

```
        Serial.print(gps.location.lng(), 9);
        Serial.print("  ALT = ");
        Serial.print(gps.altitude.meters());
        Serial.print(" Anz. Sat = ");
        Serial.print(gps.satellites.value());
        Serial.print(" ... Sekunden: ");
        Serial.print(timeSec);
    }
}
```

In **loop()** wird erst einmal gesehen, ob der GPS-Empfänger überhaupt erreichbar ist. Wenn das der Fall ist, wird er ausgelesen.

In der **if**-Abfrage prüfen wir, ob gültige Daten vorhanden sind und wir mindestens vier Satelliten empfangen (das stellt die Mindestzahl für eine Standortbestimmung dar). Dann lassen wir uns Latitude und Longitude mit neun Kommastellen, die Höhe in Metern und die Sekunden der GPS-Zeit ausgeben. Im Seriellen Monitor sehen wir, dass innerhalb einer Sekunden viele Abfragen mit dem selben Ergebnis vorliegen.

Wir erweitern die **if**-Abfrage auf eine Überprüfung, ob sich die Zeit (Sekunde) geändert hat und erhalten pro neuer Sekunde nur einen Wert:

```
void readGPS() {
    byte timeSec = gps.time.second();

    if (gps.location.isValid() && gps.satellites.value() >= 4 && ↵
        timeSec != timeSecAlt) {

        timeSecAlt = timeSec;

        Serial.print("LAT = ");
        Serial.print(gps.location.lat(), 9);
        Serial.print(" --- LNG = ");
        Serial.print(gps.location.lng(), 9);
        Serial.print("  ALT = ");
        Serial.print(gps.altitude.meters());
        Serial.print(" Anz. Sat = ");
        Serial.print(gps.satellites.value());
        Serial.print(" ... Sekunden: ");
        Serial.print(timeSec);
    }
}
```

In der Regel werden wir die genauen Koordinaten der Referenzstation nicht
genau kennen. Die Werte, die uns der GPS-Empfänger liefert, schwanken bis
über 10 m (s. Abschnitt *2.2 Fehlerquellen*). Wir können aber über eine größere
Anzahl von Messungen einen Mittelwert bilden, der dem Standort genauer
ermittelt.

Dazu fügen wir noch einige zusätzliche globale Variablen hinzu. Als Datentyp
muss **double** genommen werden (nicht **float**). Beide Datentypen besitzen zwar
den gleichen Werteumfang, aber **float** hat eine Größe von 4 bytes, **double** da-
gegen 8 bytes.

```
double latSat;              // Lat., vom Sat. geliefert
double lngSat;              // Lng., vom Sat. geliefert
double sumLat = 0.0;
double sumLng = 0.0;
double mwLat = 0.0;         // Mittelwert Lat.
double mwLng = 0.0;         // Mittelwert Lng.
double diffLat = 0.0;       // Differenz latSat vom mwLat
double diffLng = 0.0;       // Differenz lngSat vom mwLng
byte anz, anzSat = 0;
byte maxMW = 50;            // max. Zahl der Werte für den Mittelwert
```

Für die Ermittlung des Mittelwertes der Latitude und Longitude schreiben wir
eine kleine Funktion:

```
void mittelWert(double lat, double lng) {
  if (anz < maxMW) {
    anz++;
    sumLat += lat;
    mwLat = sumLat / anz;
    sumLng += lng;
    mwLng = sumLng / anz;
  }

}
```

Damit wir nicht für Tests von Ausgaben in der Funktion **readGPS()** schreiben
müssen und dabei eventuell Fehler erzeugen, fassen wir die Ausgaben zu einer
Funktion zusammen und passen sie dann immer an:

```
void serAusgabe() {
  Serial.print(timeSecAlt);
  Serial.print(". LatSat: ");
```

```
  Serial.print(latSat, 9);
  Serial.print("  mwLat: ");
  Serial.print(mwLat, 9);
  Serial.print("  Diff: ");
  Serial.print(diffLat, 9);
  Serial.print(".  Anz: ");
  Serial.println(anz);
}
```

Wir haben ja noch die RGB-LED. Nutzen wir sie, um zu zeigen, wie es mit den Daten steht:

- rot: weniger als 4 Satelliten
- blau: Daten von Satelliten werden empfangen, aber noch kein Mittelwert ermittelt
- grün: Mittelwert ist ermittelt

Dazu erweitern wir **readGPS()**:

```
void readGPS() {
  byte timeSec = gps.time.second();

  latSat = gps.location.lat();
  lngSat = gps.location.lng();
  anzSat = gps.satellites.value();

  if (gps.satellites.value() < 4) {
    ledAus();
    digitalWrite(LED_rt, HIGH);    // rote LED
  }

  if (gps.location.isValid() && gps.satellites.value() >= 4 && ↵
    timeSec != timeSecAlt) {
    ledAus();
    digitalWrite(LED_bl, HIGH);    // blaue LED

    timeSecAlt = timeSec;

    mittelWert(latSat, lngSat);
    diffLat = latSat - mwLat;
    diffLng = lngSat - mwLng;

    serAusgabe();    // für unsere Testausgabe
```

```
   }
 }
```

und `mittelWert()`:

```
void mittelWert(double lat, double lng) {
  if (anz < maxMW) {
    anz++;
    sumLat += lat;
    mwLat = sumLat / anz;
    sumLng += lng;
    mwLng = sumLng / anz;
  } else {
    ledAus();
    digitalWrite(LED_gn, HIGH);    //grüne LED

  }
}
```

Dabei nicht die Deklarationen und den Setup von Abschnitt 4.3 vergessen.

4.7   Übermittlung Differenzwerte

4.7.1   ESP-NOW

Die ermittelten Differenzen müssen jetzt noch zum *Rover* übertragen werden. Dadurch werden die Differenzen der Referenzstation mit dem Rover synchronisiert. Der ESP32 hat hierfür Bluetooth und WiFi mit „an Bord". Auf Grund der größeren Reichweite ist WiFi hier die bessere Alternative. Als ein energiesparendes und für einen schnellen Verbindungsaufbau optimiertes Verfahren hat Espressif ESP-NOW entwickelt [15]. Dieses Protokoll setzt eine Koppelung zwischen Sender und Empfänger voraus. Nach der Koppelung bleibt die Verbindung bestehen (auch, wenn ein Teilnehmer die Verbindung unterbricht - beispielsweise durch Neustart). Allerdings ist die Datenübertragung auf 250 byte begrenzt. Dieses vereinfachte Protokoll wollen wir hier verwenden. Wir senden hier ja weniger als 50 byte (abhängig von den Versuchsdaten).

Wie bisher üblich werden wir erst einmal eine Versuchsanordnung programmieren, um den Datenaustausch zu probieren. Die Idee hierzu habe ich mir in [16] geholt.

Zuerst benötigen wir die MAC-Adresse des ESP32, der als Rover (Empfänger) wirkt. Die MAC-Adresse ist eine eindeutige Adresse, die Hardware identifiziert (hier also das ESP32-Modul). Wenn der Sender die Empfänger-MAC-Adresse kennt, kann er die Verbindung zu diesem Empfänger herstellen.

```
#include <WiFi.h>

void setup() {
  Serial.begin(115200);
  WiFi.mode(WIFI_MODE_STA);
  Serial.println(WiFi.macAddress());
}

void loop() {
  Serial.println(WiFi.macAddress());
  delay(10000);
}
```

Für den Sender (der Referenzstation) und den Empfänger (dem Rover) benötigen wir zwei ESP32. Eine externe Beschaltung ist erst einmal nicht notwendig, da wir die Werte nur simulieren. In der Arduino IDE müssen wir aber mit zwei unterschiedlichen Fenstern arbeiten und zwei USB-Anschlüsse belegen. Die übertragenen Daten sehen wir uns dann auf dem seriellen Monitor an.

Die wichtigsten ESP-NOW-Funktionen sind [15]:

* esp_now_init()
  Initialisierung von ESP-NOW. Vorher muss aber WiFi initialisiert sein.

* esp_now_add_peer()
  Dient dem Koppeln mit dem Empfänger. Als Argument wird die Peer-MAC-Adresse übergeben.

* esp_now_send()
  Daten versenden.

* esp_now_register_send_cb()
  Callback-Funktion, die beim Senden ausgelöst wird. Gibt zurück, ob Daten erfolgreich gesendet wurden.

* esp_now_register_ecv_cb()
  Callback-Funktion, die beim Empfang von Daten ausgelöst wird. Wird für den Empfang benötigt.

4.7.2 Sender:

Zuerst benötigen wir zwei Bibliotheken:

```
#include <WiFi.h>
#include <esp_now.h>
```

Danach die MAC-Adresse. Mein ESP32 hat die Adresse: **24:D7:EB:15:07:58**:

```
// MAC-Adresse Empfänger eintragen
byte macAddress[] = {0x24, 0xD7, 0xEB, 0x15, 0x07, 0x58};
```

Als Daten nehmen wir Dummy-Daten, die wir in eine Struktur packen. Als Werte nehmen wir einfach angenommene Satellitenwerte:

```
// Struktur zum Senden von Daten
typedef struct struct_message {
    double lat;
    double lng;
    double diff;
    byte sat;
    byte flag;
} struct_message;

//erstellen myData
struct_message myData;
```

Als nächstes erstellen wir eine Variable vom Typ **esp_now_peer_info_t**, in der die Informationen über den Peer gespeichert werden. **esp_now_peer_info_t** ist eine Struktur von **esp_now_peer_info**, in dem die MAC-Adresse als **peer_addr** gespeichert ist.

```
esp_now_peer_info_t peerInfo;
```

In der folgenden Callback-Funktion benötigen wir die seriellen Ausgaben nur um zu sehen, ob die Verbindung aufgebaut wurde.

```
// callback gesendete Daten
void OnDataSent(const byte *mac_addr, esp_now_send_status_t status) {
    Serial.print("\r\nLast Packet Send Status: \t");
    Serial.println(status == ESP_NOW_SEND_SUCCESS?"Delivery Success" ↵
        :"Delivery Fail");
}
```

Im **setup()** legen wir zuerst die Baud-Rate für die Serielle Schnittstelle fest und initialisieren WiFi. Danach initialisieren wir ESP-NOW und überprüfen dort gleich, ob es erfolgreich war. Danach rufen wir die Callback-Funktion für das Senden auf. Im Prinzip benötigen wir sie nicht – aber zur Kontrolle ist sie ganz nützlich. Danach wird die MAC-Adresse in **peerInfo** übertragen, der Kanal festgelegt und die Verschlüsselung ausgeschaltet (benötigen wir nicht).

```
void setup() {
  Serial.begin(115200);

  // Device als Wi-Fi-Station
  WiFi.mode(WIFI_STA);
  // init ESP-NOW
  if (esp_now_init() != ESP_OK) {
    Serial.println("Error initializing ESP-NOW");
    return;
  }
  // Status der gesendeten Pakete
  esp_now_register_send_cb(OnDataSent);

  // Register peer
  memcpy(peerInfo.peer_addr, macAddress, 6);
  peerInfo.channel = 0;
  peerInfo.encrypt = false;

  // Add peer
  if (esp_now_add_peer(&peerInfo) != ESP_OK) {
    Serial.println("Failed to add peer");
    return;
  }
}
```

In der Hauptschleife (loop()) weisen wir der Struktur myData Werte zu und senden sie. Den Rückgabewert des Sendens weisen wir gleich der Variablen result vom Typ esp_err_t zu. Die folgende if-Abfrage gibt uns nur die Aussage, ob alles Erfolgreich gesendet wurde oder nicht.

```
void loop() {
  // Werte, die gesendet werden sollen, setzen
  myData.lat = 53.123456789;
  myData.lng = 13.123456789;
  myData.diff = 0.0000123456;
```

```
    myData.sat = 4;
    myData.flag = 5;

    // Daten senden
    esp_err_t result = esp_now_send(macAddress, (uint8_t *)  &myData,↵
       sizeof(myData));

    if (result == ESP_OK) {
       Serial.println("Sent with success");
    } else {
       Serial.println("Error sending the data");
    }
    delay(2000);
}
```

4.7.3 Empfänger

Auch hier benötigen wir wieder die beiden Bibliotheken:

```
#include <esp_now.h>
#include <WiFi.h>
```

Danach erstellen wir eine Struktur, die die gleiche ist, wie wir sie zum Senden benutzen:

```
typedef struct struct_message {
    double lat;
    double lng;
    double diff;
    byte sat;
    byte flag;
} struct_message;
```

```
struct_message myData;
```

In der Callback-Funktion werden die eintreffenden Daten (data) in die Variable myData kopiert. Danach erfolgt die Ausgabe auf den seriellen Monitor.

```
//callback-Funktion der empfangenen Daten
void OnDataRev(const uint8_t *mac, const uint8_t *data, int len) {
  memcpy(&myData, data, sizeof(myData));
  Serial.print("Bytes empfangen: ");
```

```
  Serial.println(len);
  Serial.print("LAT: ");
  Serial.println(myData.lat);
  Serial.print("LNG: ");
  Serial.println(myData.lng);
  Serial.print("Diff: ");
  Serial.println(myData.diff);
  Serial.print("Sat: ");
  Serial.println(myData.sat);
  Serial.print("Flag: ");
  Serial.println(myData.flag);
  Serial.println();)
}
```

Im setup() erfolgen wieder die Festlegung der Baud-Rate und die Initialisierungen von WiFi und ESP-NOW. Danach wird die Callback-Funktion des Empfängers aufgerufen. In loop() steht hier erst einmal noch nichts.

```
void setup() {
  Serial.begin(115200);
  WiFi.mode(WIFI_STA);

  //init ESP-NOW
  if (esp_now_init() != ESP_OK) {
    Serial.println("Error initializing ESP-NOW");
    return;
  }
  esp_now_register_recv_cb(OnDataRev);
}

void loop() {
}
```

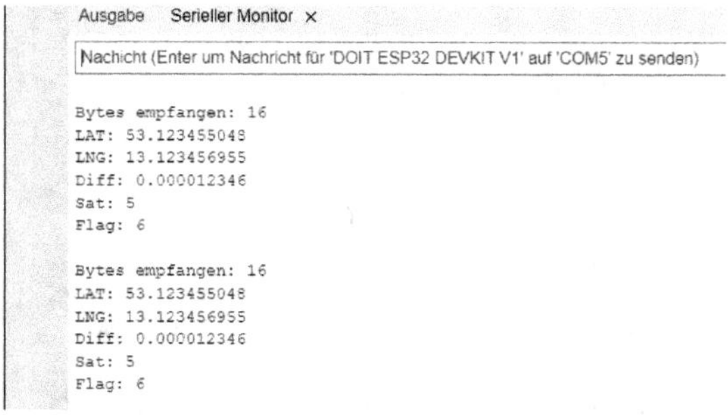

```
Ausgabe    Serieller Monitor  ✕

Nachicht (Enter um Nachricht für 'DOIT ESP32 DEVKIT V1' auf 'COM5' zu senden)

Bytes empfangen: 16
LAT: 53.123455048
LNG: 13.123456955
Diff: 0.000012346
Sat: 5
Flag: 6

Bytes empfangen: 16
LAT: 53.123455048
LNG: 13.123456955
Diff: 0.000012346
Sat: 5
Flag: 6
```

Abb. 21: Ausgabe der empfangenen Werte

Kapitel 5
Realisierung

5   Realisierung

5.1   Vorbemerkungen

Für die Referenzstation (Sender) und den Rover (Empfänger) verwenden wir die selbe Schaltung. Dadurch benötigen wir auch nur ein Platinenlayout und können zwei identische Platinen anfertigen (lassen). Den Touchsensor benötigen wir nur beim Sender. Als GPS-Empfänger können sowohl die in GY-GPS verbauten NEO-6M, 7M als auch M8N von u-blox verwendet werden. Die einzelnen Module sind miteinander kompatibel und unterscheiden sich im Wesentlichen nur durch die Art der Satelliten, die sie empfangen können.

Bis hier haben wir all die Teilprogramme kennengelernt, die wir benötigen. Aber diese Teilprogramme hatten wir als Beispiele ausprobiert, um die Funktion kennenzulernen. Jetzt müssen wir sie zusammenführen.

Bei der Zusammenstellung der Software empfehle ich, wieder schrittweise vorzugehen und und immer wieder zu prüfen, ob sich keine Fehler eingeschlichen haben. Ich werde es im Folgenden auch so beschreiben.

5.2   Hardware

Die Leiterplatte habe ich als zweilagige Platine entworfen.

Das GPS-Modul und SSD1306-Display wird über Steckkontakte mit der Platine verbunden. Das erleichtert einen Austausch, wenn man beispielsweise das GPS-Modul erst mit dem NEO-6M benutzt und es später durch M8N ersetzen möchte.

Der Jumper **JP1** verbindet den Anschluss **GPIO0**, wenn der ESP32-WROOM-32E in den Flash-Modus versetzt werden soll. Dann kann über **X2** mittels eines USB-Seriell-Wandler programmiert werden. Dabei ist darauf zu achten, dass der Pegel nicht 3,3 V übersteigt. Falls man nur einen Wandler hat, der 5 V liefert, muss man entweder einen Pegelwandler oder einen Spannungsteiler zur Anpassung verwenden.

Der Schalter **S1** löst einen **Reset** aus. Das wäre notwendig, wenn man über **X2** programmiert hat.

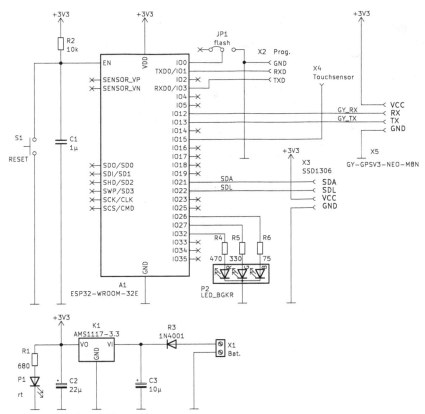

Abb. 22: Schaltung für PCB

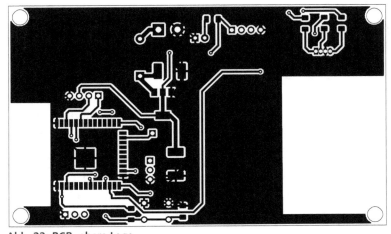

Abb. 23: PCB, obere Lage

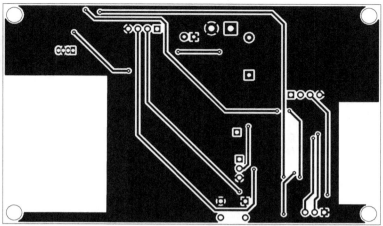

Abb. 24: PCB, untere Lage

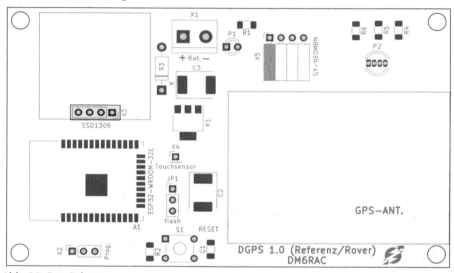

Abb. 25: Bestückung

Bis auf die LED's, den Schalter **S1** und die Steck-/Schraubverbindungen werden auf der Platine SMD-Bauelemente verwendet. Da (bis auf den ESP32-
WROOM-32E) die Bauelementegröße 1206 verwendet wird, dürfte das Löten
kein Problem darstellen. Den Controller programmiert man am Besten über
einen Programmieradapter und lötet ihn dann erst ein. Die Bestückung erfolgt
ausschließlich auf der oberen Lage (auch Bestückungsseite genannt).

Die Gerber-Dateien sind unter [17] zu finden.

5.3 Software

Als Präambel füge ich die Lizenzbestimmungen ein. Als Lizenz verwende ich die *European Union Public Licence (EUPL)*. Sie ist kompatibel mit den gängigen Open-Source-Software-Lizenzen und berücksichtigt die Urheberrechtsgesetze der einzelnen Mitgliedsstaaten der Europäischen Union [18].

```
/*
 * Copyright 2022 Jörg Bischof
 *
 * Lizenziert unter der EUPL, Version 1.2 oder - sobald
   diese von der Europäischen Kommission genehmigt wurden -
   Folgeversionen der EUPL ("Lizenz").
 * Sie dürfen dieses Werk ausschließlich gemäß dieser Lizenz nutzen.
 * Eine Kopie der Lizenz finden Sie hier:
 *
 * https://joinup.ec.europa.eu/software/page/eupl
 *
 * Sofern nicht durch anwendbare Rechtsvorschriften gefordert oder
   in schriftlicher Form vereinbart, wird die unter der Lizenz
   verbreitete Software "so wie sie ist",
   OHNE JEGLICHE GEWÄHRLEISTUNG ODER BEDINGUNGEN - ausdrücklich oder
   stillschweigend - verbreitet.
 * Die sprachspezifischen Genehmigungen und Beschränkungen unter der
   Lizenz sind dem Lizenztext zu entnehmen.
*/
```

Die einzelnen Komponenten werden auf einem Breadboard aufgebaut und getestet. Danach werden die Platinen mit den geflashten Controllern bestückt.

Alle Ausgaben über die serielle Schnittstelle, die in den weiter oben stehenden Erläuterungen zum Testen aufgeführt wurden, können weggelassen werden. Einen Monitor zur Kontrolle haben wir später ja nicht. Wer möchte, kann sie stehen lassen. Ich verzichte in der Beschreibung darauf und füge nur Ausgaben hinzu, die wir zum Testen benötigen. Diese können später gelöscht oder auskommentiert werden.

Für den Test der Kommunikation zwischen Referenzstation und Rover benötigen wir ein ESP32-Modul als Empfänger. Hier reicht ein ESP32 DevKit, das über USB mit der Arduino IDE verbunden ist. Es muss erst einmal nicht weiter beschaltet sein.

5.3.1 Die Referenzstation (Sender)

Da der Rover selbst GPS-Daten empfängt, benötigt er nur die Korrekturdaten von der Referenzstation. Auch sollte mit übermittelt werden, mit wieviel Werten bisher der Mittelwert ermittelt wurde. Für die Referenzstation nehmen wir die Konfiguration, die später verbaut werden soll. Zum Schluss müssen wir nur die MAC-Adresse des Rovers (von der des DevKits auf die des Moduls) ändern.

Als Erstes fassen wir all die Variablen und Präprozessor-Vereinbarungen zusammen (die Kommentare lasse ich weg – die stehen ja weiter oben):

```
#include <Adafruit_GFX.h>
#include <Adafruit_SSD1306.h>
#include <Wire.h>
#include "data/consola7pt7b.h"  // Consolas, 7 pt
#include <SoftwareSerial.h>
#include <TinyGPSPlus.h>
#include <WiFi.h>
#include <esp_now.h>


#define SCHWELLWERT_TOUCH 80
#define TOUCH_PIN T3            // GPI15
#define SCREEN_WIDTH 128
#define SCREEN_HEIGHT 64
#define OLED_RESET -1

static const int RXPin = 13;
static const int TXPin = 12;
static const uint32_t GPSBaud = 9600;

TinyGPSPlus gps;
SoftwareSerial ss(RXPin, TXPin);

const byte LED_bl = 26;
const byte LED_gn = 27;
const byte LED_rt = 32;

byte anzSat, timeSecAlt = 0;
byte maxMW = 50;
byte macAddress[] = {0x24, 0x6F, 0x28, 0x7A, 0x1C, 0xC4};
double latSat, lngSat = 0.0;
double sumLat, sumLng, mwLat, mwLng, diffLat, diffLng = 0.0;
```

```
volatile byte anz = 0;
Adafruit_SSD1306 oled(SCREEN_WIDTH, SCREEN_HEIGHT, &Wire, OLED_RESET);

typedef struct struct_message {
  double lat;
  double lng;
  double dlat;
  double dlng;
  byte flag;
} struct_message;
struct_message myData;


esp_now_peer_info_t peerInfo;


void OnDataSent(const byte *mac_addr, esp_now_send_status_t status) {}
```

Danach deklarieren wir die Funktionen, die in einer zweiten Datei ausgelagert sind. Natürlich können die Funktionen auch in die Hauptdatei geschrieben werden. Dann braucht man sie nicht extra zu deklarieren:

```
void ledAus();
void readGPS();
void mittelWert(double lat, double lng);
void IRAM_ATTR counterReset();
void sendData();
```

Die Funktionen stehen in einer Extradatei. Falls man sie nicht auslagern möchte, könnten sie hier stehen:

```
void IRAM_ATTR counterReset() {
  anz = 0;               // alle Werte auf 0
  sumLat = 0.0;
  sumLng = 0.0;
  diffLat = 0.0;
  diffLng = 0.0;
  mwLat = 0.0;
  mwLng = 0.0;
}

void ledAus() {
  digitalWrite(LED_bl, LOW);
  digitalWrite(LED_gn, LOW);
```

```
    digitalWrite(LED_rt, LOW);
}

void readGPS() {
  byte timeSec = gps.time.secound();
  anzSat = gps.satellites.value();
  latSat = gps.location.lat();
  lngSat = gps.location.lng();

  if (anzSat == 0) ledAus();

  if (anzSat > 0 && anzSat < 3) {
    ledAus();
    digitalWrite(LED_rt, HIGH);
  }

  if (gps.location.isValid() && anzSat >= 4 && timeSec != timeSecAlt){
    ledAus();
    digitalWrite(LED_bl, HIGH);

    timeSecAlt = timeSec;

    mittelWert(latSat, lngSat);

    diffLat = latSat - mwLat;
    diffLng = lngSat - mwLng;

    sendData();
  }
}

void sendData() {
  // Daten setzen:
  myData.lat = mwLat;
  myData.lng = mwLng;
  myData.dlat = diffLat;
  myData.dlng = diffLng;
  myData.flag = anz;

  // Daten senden:
  esp_now_send(macAddress, (uint8_t *)&myData, sizeof(myData));
}
```

```
void mittelWert(double lat, double lng) {
  if (anz < maxMW) {
    anz++;
    sumLat += lat;
    mwLat = sumLat / anz;
    sumLng += lng;
    mwLng = sumLng / anz;
  } else {
    ledAus();
    digitalWrite(LED_gn, HIGH);
  }
}
```

Anschließend treffen wir sämtliche Voreinstellungen im **setup()**:

```
void setup() {
  Serial.begin(115200);
  ss.begin(GPSBaud);
  touchAttachInterrupt(TOUCH_PIN, counterReset, SCHWELLWERT_TOUCH);
  pinMode(LED_bl, OUTPUT);
  pinMode(LED_gn, OUTPUT);
  pinMode(LED_rt, OUTPUT);
  ledAus();

  WiFi.mode(WIFI_STA);
  esp_now_init();
  esp_now_register_send_cb(OnDataSent);
  memcpy(peerInfo.peer_addr, macAddress, 6);
  peerInfo.channel = 0;
  peerInfo.encrypt = false;
  esp_now_add_peer(&peerInfo);

  oled.begin(SSD1306_SWITCHCAPVCC, 0x3C);   // init I2C Adr. 0x3C
  oled.setTextColor(WHITE);
  oled.setFont(&consola7pt7b);
}
```

In die Hauptschleife **loop()** kommt die eigentlich Funktionalität. Wir testen zuerst, ob ein GPS-Signal empfangen wird und die Werte angezeigt werden:

```
void loop() {
  while (ss.available() > 0) {
    gps.encode(ss.read());
```

```
    readGPS();
  }
  oled.clearDisplay();
  oled.setCursor(0, 10);
  oled.print("Referenz-Sat: ");
  oled.println(gps.satellites.value());
  oled.print("B: ");
  oled.println(mwLat, 9);
  oled.print("L: ");
  oled.println(mwLng, 9);
  oled.print("Anz. MW: ");
  oled.println(anz);
  oled.display();
}
```

Zur Kontrolle kann vor oder nach den **oled**-Anweisungen ja eine Ausgabe auf den Seriellen Monitor erfolgen. Beispielsweise:

```
Serial.print("Sat: ");
Serial.println(gps.satellites.value());
```

Wenn man den Touch-Sensor berührt, werden die Werte zurückgesetzt. Notwendig ist das, wenn der Standort verändert wurde. Ansonsten werden immer die Mittelwerte des alten Standortes verwendet.

Jetzt müssen wir die Daten noch übermitteln. Zur Übermittlung der Daten dient die Funktion **sendData()** (s. S. 60).

5.3.2 Rover (Empfänger)

Die Hardware entspricht 1:1 der Referenzstation. Nur benötigen wir den Touch-Sensor nicht. Wir beschalten ihn einfach nicht. Unterschiede gibt es nur in der Software.

Zuerst benötigen wir wieder alles für OLED, GPS und ESP-NOW:

```
#include <Adafruit_GFX.h>
#include <Adafruit_SSD1306.h>
#include <Wire.h>
#include "data/consola7pt7b.h"  // Consolas, 7 pt
#include <SoftwareSerial.h>
#include <TinyGPSPlus.h>
```

```
#include <WiFi.h>
#include <esp_now.h>

#define SCREEN_WIDTH 128
#define SCREEN_HEIGHT 64
#define OLED_RESET -1

static const int RXPin = 13;
static const int TXPin = 12;
static const uint32_t GPSBaud = 9600;

TinyGPSPlus gps;
SoftwareSerial ss(RXPin, TXPin);

const byte LED_bl = 26;
const byte LED_gn = 27;
const byte LED_rt = 32;
int rxLen = 0;
byte flag = 0;
byte timeSecAlt = 0;
uint32_t anzSat = 0;
double latSat, lngSat, refLat, refLng;
double diffLat, diffLng;

// Structure for sending data
typedef struct struct_message {
   double lat;
   double lng;
   double dlat;
   double dlng;
   byte flag;
} struct_message;
struct_message myData;
```

Es ist darauf zu achten, dass die Struktur von **myData** denen der Referenzstation entspricht. Die Variablen zur Berechnung des Mittelwertes benötigen wir hier nicht. Wir übernehmen ja die Differenzwerte der Referenzstation. Die Latitude und Longitude der Referenzstation werten wir in diesem Beispiel nicht aus. Später könnte man diese Daten zur Entfernungsbestimmung verwenden. Wer das möchte, kann ja mal in [19] nachsehen. Nicht vergessen, den Ordner **data** mit der Schriftdatei in den Ordner mit der Rover-Datei zu legen. Für die Funktionen legen wir wieder eine zusätzliche Datei an.

Die empfangenen Daten werden Variablen zugeordnet:

```
//callback received data
void OnDataRev(const uint8_t *mac, const uint8_t *incommingData, int
    len) {
  memcpy(&myData, incommingData, sizeof(myData));
  rxLen = len;
  refLat = myData.lat;
  refLng = myData.lng;
  diffLat = myData.dlat;
  diffLng = myData.dlng;
  rxFlag = myData.flag;
}
```

Danach OLED und Funktionen deklarieren und das Setup vornehmen:

```
// Declaration SSD1306 as I2C
Adafruit_SSD1306 oled(SCREEN_WIDTH, SCREEN_HEIGHT, &Wire, OLED_RESET);

void ledAus();
void readGPS();

void setup() {
  Serial.begin(115200);
  ss.begin(GPSBaud);

  WiFi.mode(WIFI_STA);    // Device as WiFi station
  esp_now_init();         // init ESP-NOW
  esp_now_register_recv_cb(OnDataRev);

  pinMode(LED_bl, OUTPUT);
  pinMode(LED_gn, OUTPUT);
  pinMode(LED_rt, OUTPUT);
  ledAus();

  oled.begin(SSD1306_SWITCHCAPVCC, 0x3C);  // init I2C Adr. 0x3C
  oled.setTextColor(WHITE);
  oled.setFont(&consola7pt7b);
}
```

In der Hauptschleife benötigen wir etwas weniger Anzeigen:

```
void loop() {
```

```
 while (ss.available() > 0)
   if (gps.encode(ss.read()))
     readGPS();

 if (millis() > 5000 && gps.charsProcessed() < 10) {
   Serial.println(F("No GPS detected!"));
 }

 oled.clearDisplay();
 oled.setCursor(0, 10);
 oled.print("Rover-Sat: ");
 oled.println(gps.satellites.value());
 oled.print("B: ");
 oled.println(lat, 9);
 oled.print("L: ");
 oled.println(lng, 9);
 oled.display();
}
```

In der Funktion **readGPS()** werten wir die gesendeten Differenzsignale aus. Voraussetzung ist, dass die Mittelwertbestimmung komplett durchgeführt wurde (50 mal).

```
void ledAus() {
  digitalWrite(LED_bl, LOW);
  digitalWrite(LED_gn, LOW);
  digitalWrite(LED_rt, LOW);
}

void readGPS() {
  byte timeSec = gps.time.second();
  anzSat = gps.satellites.value();
  if (gps.location.isValid()) {
    latSat = gps.location.lat();
    lngSat = gps.location.lng();
  }
  if (anzSat < 3) {
    ledAus();
    digitalWrite(LED_rt, HIGH);
  }

  if (gps.location.isValid() && anzSat >= 3 && timeSec != timeSecAlt)
    {
```

```
if (rxFlag == 50) {
  ledAus();
  digitalWrite(LED_gn, HIGH);
  lat = latSat + diffLat;
  lng = lngSat + diffLng;
} else{
  ledAus();
  digitalWrite(LED_bl, HIGH);
  lat = latSat;
  lng = lngSat;
}

timeSecAlt = timeSec;
}
}
```

6   Schlussbemerkungen

Ich habe festgestellt, dass die Standortbestimmung doch recht abhängig vom Ort und auch den meteorologischen Bedingungen ist. Der GPS-Empfang innerhalb von Gebäuden ist ein Glücksspiel. Einen „Stein des Weisen" habe ich hier bestimmt nicht gefunden. Aber ich hoffe, Anregungen zu eigenen Experimenten gegeben zu haben. Unter [17] habe ich den von mir ausprobierten Quelltext veröffentlicht. Er kann für eigene Weiterentwicklungen genutzt werden. Falls es mal nicht gleich funktioniert: Auch ich bin nicht fehlerfrei und bei der Fehlersuche lernt man erst richtig.

Ansonsten: Die einzelnen Teilprogramme kann man gut für eigene Projekte mit dem ESP32 verwenden. Auch, wenn man ein GPS überhaupt nicht benötigt.

Ich wünsche viel Spaß bei der Beschäftigung mit diesem interessanten Thema.

7   Literaturhinweise

[1]   Sander, K.: Differentielles GPS zur genauen Positionsbestimmung selbst gebaut. FUNKAMATEUR 71 (2022) H. 10, S. 798-801

[2]   Schäffer, F.: AVR - Hardware und Programmierung in C. Elektor Verlag GmbH, Aachen 2014. S. 274ff.

[3]   ...: ESP32 Series Datasheet. Espressif. [Online]
https://www.espressif.com/sites/default/files/documentation/
esp32_datasheet_en.pdf
Stand: 23.10.2022

[4]   ...: ESP Product Selector. Espressif. [Online]
https://products.espressif.com/#/product-selector?names=
Stand: 24.10.2022

[5]   ..: ESP32-WROOM Datasheet. Espressif. [Online]
https://www.espressif.com/sites/default/files/documentation/
esp32-wroom-32e_esp32-wroom-32ue_datasheet_en.pdf
Stand: 24.10.2022

[6]   Bischof, J.: Arduino IDE - Einführung in die Sprache der Entwicklungs-umgebung (Reihe Experimente mit Mikrocontrollern). Eigenverlag 2022

[7]   ...: WCHSoftGroup/ch34xser_macos. [Online] https://github.com/
WCHSoftGroup/ch34xser_macos
Stand: 04.11.2022

[8]   ...: ESP32 - Technical Reference Manual. Espressif. [Online]
https://www.espressif.com/sites/default/files/documentation/esp32-
_technical_reference_manual_en.pdf
Stand: 04.44.2022

[9]   ...: truetype2gfx - Converting fonts from TrueType to Adafruit GFX.
[Online] https://rop.nl/truetype2gfx/
Stand: 05.11.2022

[10] ...: Font Converter. [Online] http://oleddisplay.squix.ch/#/home
Stand: 05.11.2022

[11] …: NEO-M8 series - Versatile u-blox M8 GNSS modules. u-blox.
[Online] https://www.u-blox.com/en/product/neo-m8-series
Stand: 07.11.2022

[12] Bird, D. (G6EJD): ESP32-Using-Hardware-Serial-Ports.
[Online] https://github.com/G6EJD/ESP32-Using-Hardware-Serial-Ports/
blob/master/ESP32_Using_Serial2.ino
Stand: 07.11.2022

[13] Hart, M.: TinyGPSPlus. Github. [Online] https://github.com/mikalhart/
TinyGPSPlus
Stand: 07.11.2022

[14] van Oijen, J. P. (PA3FUA): GPS - NMEA sentence information.
[Online] http://aprs.gids.nl/nmea/
Stand: 08.11.2022

[15] …: ESP-IDF Programming Guide - API Reference - Wi-Fi - ESPNOW.
[Online] https://demo-dijiudu.readthedocs.io/en/latest/api-reference/
wifi/esp_now.html
Stand: 15.11.2022

[16] …: Random Nerds Tutorials. ESP-NOW Two-Way Communication Bet-
ween ESP32 Boards.
[Online] https://randomnerdtutorials.com/
esp-now-two-way-communication-esp32/
Stand: 15.11.2022

[17] Bischof, J.: GitHub: eastpower.
[Online] https://github.com/eastpower/DGPS
Stand: 20.11.2022

[18] European Commission: EUPL. [Online]
https://joinup.ec.europa.eu/collection/eupl/eupl-text-eupl-12
Stand: 24.11.2022

[19] Kompf, M.: Entfernungsberechnung. [Online] https://www.kompf.de/
gps/distcalc.html
Stand: 30.11.2022

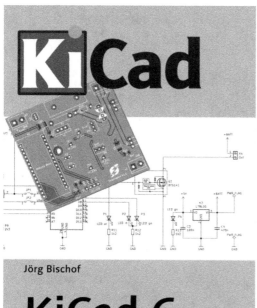

Jörg Bischof

KiCad 6
Kurzer Einstieg für den Praktiker

Dieses Buch gibt einen Einstieg für das Programm KiCad 6. Mit diesem Programm können Schaltungen gezeichnet und Platinenlayouts erstellt werden. Es ist für den Praktiker gedacht, der seine Schaltungen professionell zeichnen und dann daraus auch Platinen herstellen (lassen) möchte. Im Buch werden die Schritte und Einstellungen aufgezeigt, die man eigentlich in der Regel nur benötigt. Das Programm kann aber viel mehr. Probleme, wie Abstände bei Hochspannungen oder Mikrowellenleitungen, gehören meistens ja nicht zum Alltag des Amateurs.

Inhalt:

- Allgemeine Hinweise zur Gestaltung der Leiterplatte
- Installation von KiCad 6
- Schaltplaneditor
- Platineneditor
- Erstellung von Gerber-Dateien für die Platinenherstellung bei Dienstleistern

Jörg Bischof

Mikrocontrollerprojekte mit Arduino, ATmega, ESP32 und Co.

Von der Idee zum fertigen Projekt

Dieses Buch soll keine Ansammlung von Programmierbeispielen zur Lösung aller möglichen und unmöglichen Probleme sein. Das Ziel ist eher die Heranführung an die Lösung von eigenen Projekten. Dazu werden zuerst die grundlegenden Gesetze der Elektrotechnik, die man zum Aufbau von Schaltungen mit Mikrocontrollern unbedingt wissen muss, kurz erläutert.

Es wird die Arduino IDE zur Programmierung von Arduino und ESP8266 sowie ESP32 und das Microchip Studio für ATmegaXX- Controller erläutert.

Eingegangen wird auch auf grundlegende Befehle und Operationen, die man zur Programmierung in der Sprache des Arduino sowie C/C++ benötigt. Anhand von wenigen Programmierbeispielen soll gezeigt werden, wie an die Lösung von eigenen Programmierproblemen herangegangen werden kann.

Es wird gezeigt, dass es nicht nur eine Lösung geben muss, um zum gewünschten Ergebnis zu kommen.

Dieses kleine Buch hat die Aufgabe, die Nutzung grundlegender Befehle der Arduino IDE vorzustellen.

Es kann, und soll, keine komplette Anweisung zur Programmierung dieser kleinen, aber recht nützlichen Entwicklungsumgebung sein.

Die Beschränkung im Buch auf den Arduino Uno R3 und den Arduino Nano sagt nichts aus über das wahre Potential dieser IDE.

Es sind eine Vielzahl weiterer Boards der Arduino-Familie und auch, mit einer kleineren Erweiterung, die man in den Einstellungen der Arduino IDE vornimmt, von Boards mit anderen Controllern, wie dem ESP8266 und ESP32, möglich. Und das auch mit der (vereinfachten) Sprache der Arduino IDE. Besonders wertvoll ist auch, dass diese Sprache zusammen mit Befehlen von C/C++ verwendet werden kann.

Mit diesem Buch beginnt eine lose Serie zu Experimenten mit Mikrocontrollern. An Beispielen werden Lösungsvorschläge erläutert.